Bibliografische Information der Deutschen Nationalbibliothek:

Die Deutsche Bibliothek verzeichnet diese Publikation in der Deutschen National-
bibliografie; detaillierte bibliografische Daten sind im Internet über http://dnb.d-
nb.de/ abrufbar.

Impressum:

Copyright © 2017 GRIN Verlag, Open Publishing GmbH
Druck und Bindung: Books on Demand GmbH, Norderstedt Germany
ISBN: 9783668465732

Dieses Buch bei GRIN:

http://www.grin.com/de/e-book/368154/die-tatsaechlichen-hygienischen-zustaende-
des-alten-roms

Karl Schondorff

Die tatsächlichen hygienischen Zustände des alten Roms

GRIN Verlag

GRIN - Your knowledge has value

Der GRIN Verlag publiziert seit 1998 wissenschaftliche Arbeiten von Studenten, Hochschullehrern und anderen Akademikern als eBook und gedrucktes Buch. Die Verlagswebsite www.grin.com ist die ideale Plattform zur Veröffentlichung von Hausarbeiten, Abschlussarbeiten, wissenschaftlichen Aufsätzen, Dissertationen und Fachbüchern.

Besuchen Sie uns im Internet:

http://www.grin.com/

http://www.facebook.com/grincom

http://www.twitter.com/grin_com

Facharbeit im Seminarfach:

Rom

Hygiene im römischen Altertum

Verfasser: Karl Gustav Friedrich Schondorff

Übersicht

A. Einleitung

Bei meinem ersten Besuch in Rom 2009 erlebte ich eine überwältigende Fülle an machtvollen Bauwerken. In besonderer Erinnerung blieb mir der Blick hinauf in die Rotunde des Pantheons.

Von klein auf interessierte mich die römische Antike, mit ihren vielen Schlachten, den Gladiatoren und den mächtigen Kaisern. Angefangen hatte es schon mit den Werken Goscinys und Uderzos[1], die mich von klein auf begleiteten und so war es nicht verwunderlich, dass meine Wahl für das Seminarfach auf Rom fiel.

Bei der Wahl des Themas, faszinierte mich die römische Antike, wie keine andere Epoche. Sich auf ein Thema in dieser Vielfalt von Themen festzulegen, war für mich jedoch die schwierigste Aufgabe. Den entscheidenden Impuls erhielt ich auf der Reise nach Marburg, als ich zufällig einen Bericht über einen Artikel eines Mitarbeiters der Universität Cambridge las, in dem dieser den Einfluss der Römer auf die Parasitenbestände in Europa und somit die Frage der Hygiene im antiken Rom untersuchte.

Mein Interesse war geweckt. Bisher waren für mich die römischen Bauwerke, wie das Domus, die Basilika und Stadtbefestigungsanlagen richtungsweisend, bildeten sie doch die Grundlagen für unsere heutige Stadtentwicklung.[2]

Da ich nach dem Abitur Medizin studieren möchte, interessiert mich das Gebiet der Hygiene in besonderem Maße. Ich entschied mich, meinen Schwerpunkt der Arbeit auf die vielgerühmten römischen Hygieneeinrichtungen zu legen.

Im Geschichtsunterricht wurden diese immer als Vorzeigeeinrichtungen deklariert. Ich konnte mir jedoch nicht vorstellen, dass ausgerechnet bei den römischen Wohnverhältnissen[3], mit so vielen Menschen, medizinische Probleme außen vor blieben.[4] [5]

Deshalb wollte ich herausfinden, ob die römischen Hygieneeinrichtungen wirklich so hygienisch waren, wie in der Vergangenheit immer angenommen und jetzt von dem Parasitologen einer so renomierten Universität bezweifelt wurden.

---

[1] Siehe Geschichten von Asterix und Obelix.
[2] Vgl. Koch, S. 346 ff.
[3] Vgl. Fuchs, S.3 ff.
[4] Vgl. ebd. S. 4.
[5] Vgl. Kunst, S. 40.

Ich machte mich also auf die Suche nach Quellen in der Staatsbibliothek Niedersachsen.

Ich fing an, ein Konzept zu erstellen, nach welchem ich die Lektüre auswählen wollte. Dabei wurde mir immer mehr die Bedeutung des wissenschaftlichen Arbeitens in einer Facharbeit bewusst. Wenn man über Geschehnisse von vor 2000 Jahren berichtet, reicht es nicht aus, etwas zu behaupten, sondern man muss es auch durch zitierfähige Quellen belegen.

Somit fällt beinahe das halbe Internet als zitierfähige Quelle aus.[6]
Für den strukturellen Aufbau legte ich mich auf die Gutachtentechnik[7] fest.
Am Anfang steht die Leitfrage der Arbeit, danach folgt eine Definition des Kernthemas zur Leitfrage. Hierunter wird der Sachverhalt in der Subsumtion dargelegt.
Abschließend wird im Schlussteil, mit der Konklusion das Ergebnis ermittelt.

In dieser Systematik, beschäftige ich mich mit der Frage, ob die Hygieneeinrichtungen der Römer wirklich so hygienisch waren, wie in der Vergangenheit bis jetzt angenommen wurde.

---

[6] Vgl. Renger, S. 4 ff.
[7] Vgl. Putzke, S. 25 ff.

B. Hauptteil

I. Leitfrage

1. Waren die römischen Hygieneeinrichtungen wirklich so hygienisch, wie in der Vergangenheit immer angenommen wurde?

II. Hygienedefinition

Hygiene ist die Gesamtheit der *Bedingungen* und *Praktiken* zur Erhaltung der Gesundheit,
sowie zur *Verhinderung der Ausbreitung von Krankheiten.*[8]

Das Wort „Hygiene" kommt vom griechischen Wort „hygieniós" und bedeutet - der Gesundheit zuträglich - .[9] In der griechischen Mythologie verkörpert die Tochter des Asklepios, Hygieia die Gesundheit an sich.[10]

III. Subsumtion

1. Bedingungen zur Erhaltung der Gesundheit

Die Römer schufen eine Vielzahl von hygienischen Bedingungen:

a) Wasserleitungen - Aquädukte (lat. aquaeductus)[11]

Hierunter werden im heutigen Sprachgebrauch meistens wasserleitende oberirdische römische Brückenkonstruktionen aus Stein verstanden.[12] Jedoch sind Aquädukte ober- und unterirdische Wasserleitungen, die die Römer zum Zweck des Wassertransportes, von Wasserquellen in quellenlose Gebiete, im gesamten Imperium erbaut haben.[13] [14]
Die Leitungen versorgten Thermen, Latrinen und Brunnen

---

[8] Siehe http://www.who.int/topics/hygiene/en/, 19.03.2017, 15.23Uhr.
[9] Vgl. Brockhaus Enzyklopädie, Bd. 13, S. 40.
[10] Vgl. Brockhaus Enzyklopädie, Bd. 5, S. 777 f.
[11] Vgl. Lamprecht, S. 70.
[12] Vgl. Künzl, S. 36.
[13] Vgl. Lamprecht, S. 70.
[14] Vgl. Künzl, S. 33.

als Hygieneeinrichtungen.[15] [16]

Die erste Wasserleitung, die Aqua Appia wurde im Jahre 312 v. Chr. erbaut und transportierte über eine Strecke von 17 km Quellwasser aus dem nahegelegenen Aniotal nach Rom. [17] Sie verlief 880m oberirdisch und den Rest der Strecke durch ein unterirdisches Kanalsystem.

Die meisten Aquädukte führten in die Hauptstadt Rom. [18] [19] Grundsätzlich bildeten die unterirdischen Wasserleitungen den größten Anteil der Aquädukte im römischen Reich. Die Leitungen funktionierten in der Regel nach dem Prinzip der Schwerkraft mithilfe eines leichten Gefälles. Jedoch waren auch bereits Druckwasserleitungsysteme bekannt. [20]

Um 400 n.Chr. existierten in Rom elf Aquädukte.[21] Bevor das Wasser die Einrichtungen erreichte, wurde das Wasser in ein sogenanntes Wasserschloß am Rande der Stadt umgeleitet. [22] Dort wurde es durch drei übereinander liegende Abflüsse auf öffentliche Brunnen, Badeanstalten, Latrinen und Privatabnehmer verteilt.[23]

b) Aborte - Latrinen (lat. latrina/ lavatrina)[24]

Latrinen sind öffentliche oder private Aborte. Sie waren mit einer dauerhaften Wasserspülung ausgestattet, welche die Exkremente der Römer effektiv abtransportierte. [25]

Die öffentlichen Latrinen waren in der Regel für gemeinschaftliche Sitzungen konzipiert.[26]

c) Die große Kloake - cloaca maxima

Die cloaca maxima ist das älteste und bedeutendste Abwassersystem des antiken Roms. [27] Durch dieses Kanalsystem wurden die Abwässer der römischen

---

[15] Vgl. ebd. , S. 38.
[16] Vgl. Kunst, S. 38.
[17] Vgl. Künzl, S.36.
[18] Vgl. Lamprecht, S. 75.
[19] Vgl. Anhang: Künzl, S. 34 f (Karte der Aquädukte Umland), S. 41 (Karte Rom Zentrum).
[20] Vgl. Künzl, S. 36.
[21] Vgl. Lamprecht, S. 77.
[22] Vgl. ebd. , S. 71.
[23] Vgl. ebd. , S. 71.
[24] Vgl. Georges, Bd. 2, S. 580.
[25] Vgl. Lamprecht, S. 97.
[26] Vgl. Künzl, S. 93.
[27] Vgl. Brockhaus Enzyklopädie, Bd. 5, S. 757.

Bevölkerung weggeleitet.[28]

d) Moderner Baustoff - opus caementitium (lat. opus caementicium)

Die Bezeichnung opus caementitium setzt sich aus den Wörtern: opus für Bauwerk, Bauteil und caementicium für den behauenen Stein, Zuschlagstoff zusammen.[29] Opus caementitium ist ein schnell herstellbarer betonartiger Baustoff. Er ist wasserabweisend, robust, besitzt eine hohe Festigkeit und zeichnet sich durch seine enorme Wirtschaftlichkeit aus.[30] [31] [32]
Die Römer kannten verschiedene Betonarten. Durch seine hydrophobe Eigenschaft eignete er sich besonders für Abwasserrohre, Schwimmbecken, Brunnen und Latrinen.[33]

Opus caementitium war das revolutionäre Mittel der Römer, um Bauteile wirtschaftlich herzustellen.[34]

e) Badeeinrichtungen – Thermen (griech. thermos: warm)

Thermen sind Badeeinrichtungen, die der körperlichen Reinigung dienten.[35]
Sie waren jedoch auch Orte der sozialen Interaktion und der Pflege, sowie des Wohlbefindens.[36] Als körperliche Pflegeanstalten waren sie ein wichtiger Bestandteil der baulichen Hygienemaßnahmen. Die erste Therme gab es in Rom mit Kaiser Agrippa seit dem ersten Jahrhundert v. Chr.[37]

f) Sklaven

Ein Sklave ist ein rechtloser, unfreier Mensch, der als „Sache" seines Herrn angesehen wird.[38] Sklaven ermöglichten eine preiswerte Realisierung der ehrgeizigen Bauprojekte der Römer.[39] [40] Ein Großteil der stadtrömischen Bevölkerung bestand aus

---

[28] Vgl. Kunst, S. 42.
[29] Vgl. Lamprecht, S. 21 f.
[30] Vgl. ebd. , S. 19.
[31] Vgl. ebd. , S. 31 ff.
[32] Vgl. ebd. , S. 69.
[33] Vgl. ebd.
[34] Vgl. ebd. , S. 21 ff.
[35] Vgl. ebd. , S. 101 ff.
[36] Vgl. König, S. 202 ff.
[37] Vgl. Kunst, S. 40.
[38] Vgl. Hein-Taubert u.a. , Grundwissen Geschichte, S. 17 f.
[39] Vgl. Eck, S. 63.
[40] Vgl. Brunner u.a. , Bd. 3, S. 297.

Sklaven.[41] Durch sie war es möglich, die vielseitigen Aufgaben und Bauvorhaben zu bewältigen.[42]

g) Städteplanung

Die römische Stadtplanung gilt als äußerst fortschrittlich, da man schon beim Anlegen der Städte und Siedlungen plante, welche spätere Nutzung der Bauwerke und Einrichtungen stattfinden würde.[43] Dabei waren Aspekte wie die Verteidigung, die Götterverehrung und der allgemeine Nutzen von entscheidender Bedeutung.[44] [45] [46] [47] [48] Noch heute prägen Elemente der römischen Städteplanung, wie z.B. Basiliken und Märkte unsere Innenstädte.[49]

h) Regelungen und Gesetze

Durch Gesetze wird der Umgang miteinander geregelt. In Rom gab es eine Vielzahl an Gesetzgebungen, in allen Bereichen der Gesellschaft, so auch Baugesetze[50] und Hygienegesetze.[51] [52]

i) Bauspezialisten

Im Militärapparat der Römer existierten eigene Bauspezialisteneinheiten, die sich mit dem Bau von Kolonien, Truppenlagern, Kriegsgerät und Städten professionell beschäftigten.[53] Diese Einheiten schufen die Grundlage für Infrastrukturmaßnahmen und Wohneinheiten. Hierdurch entstanden auch Thermen, Latrinen, Brunnen und Aquädukte.[54]

j) Brunnen

Brunnen sind Entnahmeeinrichtungen für Wasser. In Rom befanden sich zur Spätantike

---

[41] Vgl. Beitrag Heikki, S. , Menschenraub, Menschenhandel und Sklaverei in antiker und moderner Perspektive.
[42] Vgl. ebd.
[43] Vgl. Lamprecht, S. 15 f.
[44] Vgl. Knell, S. 34 f.
[45] Vgl. Fensterbusch, S. 43.
[46] Vgl. Kunst, S. 15.
[47] Vgl. ebd. , S. 37.
[48] Vgl. ebd. , S. 18.
[49] Vgl. Koch, S.346 ff.
[50] Vgl. Lamprecht, S. 12 f.
[51] Vgl. Kunst, S. 44 ff.
[52] Vgl. Mitchell, S. 54.
[53] Vgl. Stoll, S. 300 ff.
[54] Vgl. Künzl, S. 89.

ca. 1352 öffentliche Brunnen.[55] Man unterscheidet dabei zwischen Schöpf- und Ziehbrunnen. Hier wurde der Bevölkerung kostenfrei der Zugang zu frischem Trinkwasser geboten.[56]

2. Praktiken zur Erhaltung der Gesundheit

Die Praktiken stellen den Umgang mit den Bedingungen zum Erhalt der Gesundheit dar.

Trotz der umfangreichen und modernen Bedingungen zum Erhalt der Gesundheit im römischen Reich konnte die alltägliche Praxis das darin enthaltene Potenzial nicht in vollem Umfang nutzen. So bestand die Verwaltung Roms aus römischen Eliten, denen die fachliche Kompetenz und das Wissen um die Zusammenhänge zum Erhalt von Gesundheit über eine effektive Hygiene fehlten.[57]

Die Verbreitungslehre von Parasiten und Bakterien war unbekannt.[58] Folge war eine geringe Lebenserwartung und eine hohe Kindersterblichkeit in der Bevölkerung.[59] Jedes dritte Kind starb im ersten Lebensjahr und jedes fünfte wurde keine zehn Jahre alt.[60] Magenleiden und Koliken bestimmten den Lebensalltag.[61] So wurden die Römer dauerhaft durch Endo- und Ektoparasiten gequält.[62]

Praktisch gestaltete sich die Nutzung der hygienischen Bedingungen folgendermaßen:

In den Latrinen saßen die Nutzer in Reihe, im Regelfall mit nur einem Abstand von 60cm voneinander entfernt.[63] Um sich nach dem Geschäft das Gesäß zu säubern, wurde ein Schwamm, der so genannte Xylospongium[64], in einer am Fuße verlaufende Wasserrinne zum Auswaschen getaucht.[65] Wusch nun ein Nutzer seinen Schwamm am Zufluss aus, verseuchte er damit das Wasser der anderen Nutzer mit seinen Bakterien und Parasiten.

Durch das mediterrane und feuchte Klima vermehrten sich Bakterien stark und bildeten einen Hort von Krankheitserregern. Seife, Desinfektionsmittel oder Einmaltoilettenpapier

---

[55] Vgl. Künzl , S. 44.
[56] Vgl. ebd. , S. 44.
[57] Vgl. Kunst, S. 44.
[58] Vgl. Mitchell, S. 55 f.
[59] Vgl. Kunst, S. 44.
[60] Vgl. ebd.
[61] Vgl. ebd.
[62] Vgl. Mitchell, S. 51.
[63] Vgl. Künzl, S. 93.
[64] Vgl. ebd. , S. 93.
65 Siehe Anhang: Kunst, S. 43
(Rekonstruktion einer Latrine, Abb. 21)

9

kannten und verwendeten die Römer nicht.[66][67]

Die cloaca maxima wurde in den Tiber abgeleitet, aus welchem auch das Trink- und Nutzwasser geschöpft wurde.[68] Das Wasser des Tibers wurde auch zur Heilung verwendet.[69] So verbreiteten sich gesundheitsschädliche Keime und Parasiten im Kreislauf.

Der Zu-/ Abwasseranschluss der Häuser wurde durch gemeinschaftliche Erbauung von Hauseigentümern, so genannte Konsortien,[70] geregelt, die aus eigener Tasche bezahlt werden mussten.[71] Mit einer fließenden Wasserversorgung war jedoch aus technischen Gründen nur das Erdgeschoss der Häuser angebunden.[72] Somit hatten die anderen Geschosse keine eigene fließende Wasserversorgung. Das Rohrsystem der Häuser bestand teilweise aus dem gesundheitsschädlichen Material Blei.[73][74]

Durch die vespianische Besteuerung der Latrinen[75] hinterließen viele Römer in der Öffentlichkeit ihre Exkremente hinter Statuen[76], auf öffentlichen Plätzen[77] oder auf der Straße[78]. Zudem wurde von den Einwohnern der Müll einfach auf den Straßen, auf Friedhöfen, an Flüssen, in Hauseingängen oder an öffentlichen Plätzen abgeladen.[79] In die Brunnen wurden Leichen und Abfälle geworfen, die das Grundwasser verseuchten.[80] Die römische Verwaltung reagierte darauf erfolglos mit Strafen und Gesetzen.[81]

Das Wasser in den Thermen war nicht desinfiziert und wurde nur selten gewechselt.[82] Es bildete sich eine dicke Schmutz-, Schminke-, Fettschaumschicht, die auf der Wasseroberfläche schwamm.[83] Es war aus sittlichen Gründen üblich, dass Frauen die

---

[66] Vgl. König, S. 205.
[67] Vgl. ebd. , S. 84 f.
[68] Vgl. Kunst, S. 44 f.
[69] Vgl. ebd. , S. 45.
[70] Vgl. ebd. , S. 38 f.
[71] Vgl. ebd.
[72] Vgl. ebd. , S. 40.
[73] Vgl. Lamprecht, S. 73.
[74] Siehe Anhang: Lamprecht, S. 74 (große Bleirohre für Trinkwasserleitung, Bild 42).
[75] Vgl. Lamprecht, S. 98.
[76] Vgl. Kunst, S. 44 ff.
[77] Vgl. ebd.
[78] Vgl. ebd.
[79] Vgl. ebd. , S. 46.
[80] Vgl. ebd. , S. 44.
[81] Vgl. ebd. , S. 46.
[82] Vgl. Mitchell, S. 54.
[83] Vgl. ebd.

Thermen gemeinsam mit Kranken nutzen mussten.[84]

3. Verhinderung der Ausbreitung von Krankheiten

Die Ausbreitung von Krankheiten erfolgt neben Tröpfchen- und Schmierinfektion zu einem großen Anteil über den fäkal-oralen Weg, über verseuchtes Trink-und Badewasser sowie verseuchtes Essen. Wenn die Hygieneeinrichtungen der Römer effektiv waren, hätten sie die Ausbreitung von Krankheiten reduzieren müssen. Dieser Hypothese ging P. Mitchell als Parasitologe der Universität von Cambridge nach. Er untersuchte die Ausbreitung von Parasiten in Europa, rund um das Mittelmeer und im Nahen Osten vor der römischen Invasion, zur Zeit der Römer und danach. Er stieß auf überraschende Fakten.

Die Römer waren Liebhaber einer ungekochten, in der Sonne fermentierten Fischsauce „garum" [85]. Diese wurde durch das ganze Reich gehandelt und auch als Medizin genutzt.[86] Mit der römischen Invasion breitete sich, archäologisch nachweisbar, der Befall der Bevölkerung mit dem Fischbandwurm in den eroberten Gebieten drastisch aus. [87]

Auch der Befall der eroberten Bevölkerung mit dem Peitschen- und dem Rundwurm, zwei typischen Vertretern von fäkal-oral übertragenen Parasiten, nahm unter der Herrschschaft der Römer stark zu. Moderne Forschung hat jedoch bewiesen, dass mit sauberem Trinkwasser, Latrinenbenutzung und Händewaschen die Ausbreitung dieser Krankheitserreger reduziert wird.[88] Bei den Römern war dies trotz der Latrinen, der Wasserversorgung und den anderen, bereits genannten, Bedingungen zur Erhaltung der Gesundheit nicht der Fall.
Dies ist in erster Linie auf eine weitere Besonderheit zurückzuführen. Die Römer nutzten menschliche Fäkalien zur Düngung ihrer Felder. Diese wurden vorher nicht kompostiert, so dass ein direkter fäkal-oraler Infektionsweg etabliert wurde. Auch das warme Badewasser in den Thermen beförderte die Ausbreitung des Rund-und Peitschenwurms.[89]

---

[84] Vgl. König, S. 201.
[85] Vgl. Mitchell, S. 54.
[86] Vgl. ebd.
[87] Vgl. ebd. , S. 52 ff.
[88] Vgl. ebd. , S. 54.
[89] Vgl. ebd. , S. 54.

Der Hundebandwurm breitete sich über den engen Kontakt von Mensch und Tier aus. Hunde dienten schon damals als Haus- und Hütetiere. In Ägypten, welches zum römischen Reich gehörte, war die Verehrung der Katze eine Ursache der Verbreitung der Toxoplasmose.[90] Die zur damaligen Zeit herrschenden medizinischen Auffassungen, dass die Parasiten sich spontan aus zerfallender Materie bilden, boten ebenso wie die Humoralpathologie nach Galen keinen effektiven Ansatz zu ihrer Bekämpfung.[91]

Das römische Reich stellte quasi eine große „Freihandelszone" dar; Waren und Sklaven, Reisende und Tiere waren Überträger von Krankheiten bis in bisher verschonte Gegenden des Reiches.

Die vielfachen Funde von Entlausungskämmen mit Nissen und Lausresten bezeugen die Allgegenwärtigkeit auch von Ektoparasiten, welche wiederum Krankheitsüberträger, wie zum Beispiel für die Pest, der „ Plage des Justinians", waren.[92]
Der lange und enge Kontakt der Menschen in den Latrinen[93] beförderte zusätzlich die Ausbreitung von Ektoparasiten und Krankheiten.

IV. Konklusion

Es lagen gute Bedingungen zum Erhalt der Gesundheit vor.[94]
Jedoch dienten die Praktiken, wie diese Bedingungen genutzt wurden, nicht dem Erhalt der Gesundheit.[95]
Die Ausbreitungen von Krankheiten konnten nicht verhindert werden.
Mithin waren aus heutigem Kenntnisstand die Römer nicht hygienisch.

V. Ergebnis:

Folglich waren die römischen Hygieneeinrichtungen nicht so hygienisch, wie in der Vergangenheit immer angenommen wurde.

---

[90] Vgl. ebd.
[91] Vgl. ebd. , S. 55.
[92] Vgl. ebd.
[93] Siehe diese Arbeit unter III. Nr. 2.
[94] Siehe 1. Bedingungen zum Erhalt der Gesundheit.
[95] Siehe 2. Praktiken zum Erhalt der Gesundheit.

C. Schlussteil

Die Römer wirkten als revolutionäre Baumeister und Organisatoren.

Sie verwalteten ein riesiges Reich.

Sie waren Meister in der Integration fremden Wissens, z. B. jenes der mächtigen Etrusker und der Griechen.[96]

Das alles mündete in einer ausgeklügelten Infrastruktur: sie bauten Straßen, Kanäle, Brücken und Städte. Ihre Kultur prägt bis heute unsere Städte; deutlich sichtbar in Städten wie Trier, Köln oder Xanten aber mit Wissen darum auch an vielen Orten in der Bundesrepublik Deutschland oder in ganz Europa.

Trotzdem begannen zum Beispiel in meiner Wahlheimatstadt Einbeck erst 2395 Jahre später die Bürger mit dem Bau einer Kanalisation von nur 14 km Länge.[97]

Der Anschluss von Latrinen an die Kanalisation Einbecks musste sogar bis 1893 gegen die Einsicht Einbecker Bürger verteidigt werden, so dass erst mit Beginn des 20. Jahrhundert Abwasser kontrolliert abgeführt wurde. Hülse, Spörer schreibt hierzu, dass hiernach Epidemien wie Typhus nunmehr fast vollständig aus der Stadt Einbeck verschwanden.[98]

So erhielt Einbeck auch erst 1891 fließendes Wasser in den Häusern.[99]

Bis dahin schöpften die Einbecker ihr Trinkwasser aus Brunnen und offenen Gräben,[100] in denen sie an anderer Stelle wieder ihre Abwässer in so genannte Dreckgräben in das Grundwasser leiteten.[101]

Auch nach dem Zeitzeugenbericht Bokelmanns lebten in unserem Haus in Einbeck noch im Jahre 1945 bis zu 23 Menschen, die sich alle eine Latrine und eine Badestube auf dem Hof teilten.[102]

Dies alles geschah zu einer Zeit in der die Erkenntnisse Ignaz Semmelweis in Wien und die mikroskopischen Arbeiten Robert Kochs an der Charité in Berlin über die Ausbreitungswege von Krankheiten schon weit bekannt waren.

---

[96] Vgl. Lamprecht, S. 202.
[97] Vgl. Hülse, Spörer, S. 112 ff.
[98] Vgl. ebd. S.114.
[99] Vgl. ebd. S. 110 ff.
[100] Vgl. ebd.
[101] Vgl. ebd. S. 112.
[102] Siehe http://www.haus-harmen-steinbarg.de/geschichte.html, 05.04.2017

Den Römern hingegen stand dieses Wissen nicht zur Verfügung. Sie schufen in ihrem architektonischen Können Bauten wie das Pantheon mit seiner 43 m weit gespannten Kuppel ohne einen Stützpfeiler, die erst 1783 Jahre später in Breslau, in der so genannten Jahrhunderthalle, bautechnisch übertroffen werden konnten.[103] [104]

Nun sollte man hieraus meinen, dass solche Errungenschaften jeden Bereich einer Gesellschaft durchdringen und kennzeichnen.

Fasziniert stelle ich jedoch fest, dass in Rom die medizinische Entwicklung nicht mit der Entwicklung der Baukunst im Dienste der Eroberungen Schritt hielt. Das Hauptaugenmerk der Römer lag ganz offenkundig auf der Erhaltung der Macht und dem dafür benötigten Ausbau der Infrastruktur und nicht auf der Entwicklung und Forschung zur Heilkunst und damit Entwicklung der Hygiene.

Somit muss man die Frage der baulichen hygienischen Einrichtungen der Römer trennen von der Frage der Praktiken und Verbreitungslehre im Umgang mit der Hygiene im römischen Reich.

Allgemein bekannt sind uns die großartigen ingenieurtechnischen Errungenschaften der Römer. Wir beginnen jedoch auch zu verstehen, wie parallel die realen Bedingungen der Bevölkerung im römischen Reich gewesen waren.

Mit Hilfe der wissenschaftlichen Forschungen ergibt sich ein realistischerer Blick auf die Hygiene im römischen Reich.

---

[103] Siehe Lamprecht, S. 9.
[104] Vgl. Koch, S. 346 ff.

Quellenverzeichnis

Lexikonartikel

Alltag im Alten Rom: Landleben
Weeber, Karl- Wilhelm , 1. Aufl. , Düsseldorf, Zürich, 2000

Baustilkunde
Koch, Wilfried , 24. Aufl. , Gütersloh, 2003

Brockhaus Enzyklopädie
Redaktionelle Leitung: Zwahr, Annette, Bd. 5, Buci- Come, 21. Aufl. , Leipzig, Mannheim ,2006

Brockhaus Enzyklopädie
Redaktionelle Leitung: Zwahr, Annette, Bd. 13, Hurs- Jem, 21. Aufl. , Leipzig, Mannheim, 2006

Der Neue Pauly
Hg. Cancik, Hubert; Schneider, Helmuth, Bd. 5, Gru- lug,1. Aufl. , Stuttgart, Weimar,1999, Beitrag von Graf Fritz, Basel

Lexikon alte Kulturen
Hg. Brunner, Hellmut; Flessel, Klaus; Hiller, Friedrich, Bd. 3, N- Zz, Leipzig, Wien, Zürich, 1993

Monographien

Grundwissen Geschichte
Heim-Taubert, Susanna, Regenhardt, Hans- Otto; Tischler, Carola, 1. Aufl. , Berlin, 2011

Opus Caementitium
Lamprecht, Heinz- Otto , 3. Aufl. , Düsseldorf, 1984

Vita Romana
König, Ingemar , 1. Aufl. , Darmstadt, 2004

Leben und Wohnen in der römischen Stadt
Kunst, Christiane , 1. Aufl. , Darmstadt, 2006

Die Thermen der Römer
Künzl, Ernst , 1. Aufl. , Stuttgart, 2013

Sklaven und Freigelassene in der römischen Kaiserzeit
Eck, Werner , Heinrichs, 1. Aufl. , Bd. 61, Darmstadt, 1993

Juristische Arbeiten erfolgreich schreiben
Putzke, Holm , 4. Aufl. , München, 2012

Vitruvs Architekturtheorie
Knell, Heiner , 3. Aufl. , Darmstadt, 2008

Vitruv zehn Bücher über Architektur	Fensterbusch, Curt , 6. Aufl. , Darmstadt, 2008
Geschichte der Stadt Einbeck	Hülse, Horst; Spörer, Klaus; 1. Aufl. , Bd. 2 , Einbeck, 1992

Zeitschriften Artikel

Parasitology	Mitchell, Piers, Human parasites in the Roman World; health consequences of conquering an empire Hg. Cambridge University Press, Nr. 144, S. 48 - 58 , Cambridge, 2017

Fachaufsätze

Facharbeit Abiturjahrgang 2018	Frey, Birgit ; Renger, Manfred , Dassel, 2016
Hygiene in Rom	Fuchs, Stefan , Studienarbeit,
	Ruhr- Universität Bochum, Historisches Institut, Fakultät für Geschichtswissenschaften Bochum, 2011,

Wörterbücher

Ausführliches Handwörterbuch	Georges, Karl. Ernst, Heinrich. , Bd. 2, I-Z, unveränderter Nachdruck der 8. Aufl. , Darmstadt, 1985

Sammelbände

Römisches Heer und Gesellschaft	Stoll, Oliver. , 1. Aufl. , Stuttgart, 2001 M. P. Speidel University of Hawaii
Menschenraub, Menschenhandel und Sklaverei in antiker und moderner Perspektive	Hg. Heinen, Heinz , Forschung zur antiken Sklaverei, Bd. 37, München, 2008 Beitrag von Heikki, Solin, Helsinki

Bilder:

Hygiea:	Quelle http://www.judaica-art.com/gustav-klimt/619-hygeia-by-gustav-klimt-art-gallery-oil-painting-reproductions.html